Bibliografische Information der Deutschen Nationalbibliothek:

Die Deutsche Bibliothek verzeichnet diese Publikation in der Deutschen National-bibliografie; detaillierte bibliografische Daten sind im Internet über http://dnb.d-nb.de/ abrufbar.

Impressum:

Copyright © 2018 GRIN Verlag
Druck und Bindung: Books on Demand GmbH, Norderstedt Germany
ISBN: 9783668796065

Dieses Buch bei GRIN:

https://www.grin.com/document/437591

Robert Komorowsky

Industrie 4.0. Predictive Maintenance. Wunsch oder Wirklichkeit?

GRIN Verlag

Hochschule Aalen
Master-Studiengang Wirtschaftsinformatik
Veranstaltung International Project Management

Wintersemester 2017/18

Predictive Maintenance – Wunsch oder Wirklichkeit?

Aalen, 22.01.2018

Robert Komorowsky   Studienschwerpunkt Big Data
                                     und Business Analytics

Inhaltsverzeichnis

1. Einleitung

Wir bewegen uns im Zeitalter der Industrie 4.0, die die Unternehmen mit modernster Informations- und Kommunikationstechnik verzahnt. Der größte Beweggrund dieser Entwicklung ist die schnell zunehmende Digitalisierung der Wirtschaft.[1] Ein populärer Anwendungsbereich der Industrie 4.0 ist Predictive Maintenance. Predictive Maintenance wird als ein Schlüsselthema in der Industrie 4.0 identifiziert und als eindeutige Voraussetzung für zukünftigen Erfolg in der Wartung gesehen.[2]

Der Begriff „Predictive Maintenance" (PM) lässt sich mit dem Begriff „vorausschauende Wartung" ins Deutsche übersetzen. Das Ziel von PM besteht darin, Zustandsdaten von technischen Anlagen zur Vorhersage von möglichen Ausfällen der Maschinen sowie Maschinenteilen zu nutzen.[3] Insbesondere für produzierende Unternehmen ist PM von großer Bedeutung, da diese überwiegend für ihre Wartungsarbeiten PM einsetzen, allerdings nur für bekannte oder vermutete Ursache-Wirkungs-Zusammenhänge. Nur wenn der Technologie bekannt ist, dass eine Änderung der Charakteristik auf einen sich anbahnenden Schaden hinweist, kann man die Anlagen im Sinne einer vorausschauenden Wartung nutzen.[4]

---

[1] Vgl. Bundesministerium für Wirtschaft und Energie (2018)
[2] Vgl. Roland Berger (2017)
[3] Vgl. Nico Litzel (2017)
[4] Vgl. Roland Berger (2017)

2. Problemstellung und Ziele

Das Versprechen, das sich mit Predictive Maintenance, der „vorhersagenden Wartung" verbindet, ist die Änderung des Blickwinkels. Anstatt auf einen Ausfall oder Störungen im Nachhinein reagieren zu können, befähigt Predictive Maintenance Unternehmen, mögliche Defekte vorherzusagen.[5] Die durch die Anbieter von PM-Software versprochene „vorausschauende Technologie" wird hierbei jedoch nicht erfüllt. Kein Mensch bzw. keine Technologie kann die Zukunft vorhersagen oder Daten aus der Zukunft kennen und analysieren.[6]

Predictive Maintenance ist kein Blick in die Zukunft, sondern basiert auf Mathematik und Algorithmen. Die Technologie kann die Zukunft nicht vorhersagen oder genau empfehlen, wann tatsächlich eine Wartung notwendig wird. Die Technologie beschreibt die wahrscheinlichste Richtung, wann eine Wartung für die Anlage notwendig wird. Es werden lediglich historische Daten analysiert, welche zum großen Teil auf Zufall basieren. Diese Datengrundlage dient dann der Planung der Art und Weise der zukünftigen Wartung. Eine Vorhersage auf Basis von historischen Daten ist also kritisch zu betrachten, da die Qualität und Anzahl der Daten häufig nicht gewährleistet ist. Nach der Einführung von PM wird das bereits erlernte Datenschema immer lediglich auf dieselben verbundenen Wirkungen zurückgeführt.[7]

Genaue Anforderungen an PM sind häufig noch unbekannt und aktuell zumeist allgemein aus der internen technischen Perspektive (z.B. weitere Produktverbesserung, Kostenreduzierung, Reduzierung von Maschinenausfällen sowie Produktivitätssteigerung) definiert.[8]

PM wird eine durchschnittliche Produktivitätssteigerung von 25%, eine Reduzierung von Maschinenausfällen von 70% und eine Wartungskostenreduktion von 25%[9] beigemessen. Dennoch wissen 89% der Unternehmen nicht, wie die spezifische Ausgestaltung der vorausschauenden Wartung für ihr Unternehmen vonstattengehen kann.[10] Zudem dominiert die einseitig vorteilhafte Darstellung von PM in der Literatur.

PM wird aktuell noch recht unkritisch betrieben. Defizite herrschen hinsichtlich der zuverlässigen Quantifizierung von Instandhaltung sowie notwendigen Instandhaltungsmaßnahmen.[11] Daher kann auch der wirtschaftliche Erfolg von PM nur geschätzt werden, und zwar aufgrund

---

[5] Vgl. Ibrahim Evsan (2016)
[6] Vgl. Wolfgang Martin (2015)
[7] Vgl. Dr. Hartmut Steck-Winter (2011)
[8] Vgl. Roland Berger (2017)
[9] Vgl. Deloitte (2017)
[10] Vgl. Roland Berger (2017)
[11] Vgl. Roland Berger (2017)

der Weiterentwicklung von Technik aber auch unterschiedlicher äußerer Einflussfaktoren, die nie komplett ausgeblendet beziehungsweise herausgerechnet werden können.[12]

Bei der Bewertung von IT-Projekten wie PM kann die Entscheidungssituation derart ausgestaltet sein, dass mit der Einführung des Projektes im Unternehmen eine alternative Verwendung von Ressourcen bzw. Instandhaltungsmaßnahmen einhergeht. Bei PM können die Opportunitätskosten nicht berechnet werden, da die Kosteneinsparung bei einer "Nicht-Anwendung von PM" unbekannt ist.[13] Als Beispiel kann eine Maschine angeführt werden, die einmal pro Jahr vom Hersteller gewartet wird, unabhängig davon, ob tatsächlich ein Schaden vorhanden ist. Da unbekannt ist, ob die Maschine auch mehr als ein Jahr ohne Wartung auskommen könnte, kann auch keine Aussage über die Kosten getroffen werden, die bei einer "Nicht-Wartung" eingespart worden wären. Der Grund dafür ist, dass dieselben Auslastungsbedingungen, wie sie in der Vergangenheit herrschten, nie wiederholbar sind und damit kein Vergleich zu einer Situation möglich ist, in der eine Wartung zu einem späteren Zeitpunkt stattgefunden hätte. Ein weiterer Grund der kritischen Opportunitätskostenberechnung bei PM ist, dass durch die Technologie eintretende "Verbesserung" nicht eindeutig auf PM zurückzuführen ist, sondern auch auf die Weiterentwicklung der Teile bzw. Anlagen.[14]

Alles in allem kann man also festhalten, dass weder bewiesen ist, dass PM tatsächlich zu Einsparungspotenzialen führt noch, dass mithilfe von PM überhaupt in die Zukunft geblickt werden kann, d.h. Vorsagen über das zukünftige Verhalten einer Maschine getroffen werden und somit Wartungen optimiert werden können.[15] PM ist nur ein Begriff, welcher eine Vorhersage verspricht, jedoch ist weder in der Realität noch durch die Technologie ein Blick in die Zukunft möglich.[16]

Zielsetzung dieser Arbeit ist es somit zu ermitteln, ob PM durch die Zukunftsbezogenheit in der Praxis funktioniert und wie gegebenenfalls der Erfolg in der Praxis konkret gemessen wird.

---

[12] Vgl. Dr. Hartmut Steck-Winter (2011)
[13] Vgl. Ralph Brugger (2009)
[14] Vgl. Dr. Hartmut Steck-Winter (2011)
[15] Vgl. Dr. Hartmut Steck-Winter (2011)
[16] Vgl. Ibrahim Evsan (2016)

3. Methode

Zur Realisierung der Zielsetzung wurde das Mittel der Befragung gewählt, um Aufschluss über die Sichtweise der Praxis zu erhalten. Die Anzahl der Fragen wurde dabei auf vier begrenzt. Vor der Hauptbefragung fand ein Pre-Test statt, der die Verständlichkeit dieser Fragen prüfte. Dazu wurden vorab einige Personen befragt, die mit PM vertraut sind. Die Ergebnisse des Pre-Tests führten dann zu sprachlichen Überarbeitungen der Fragen. Als Kriterium für die Teilnahme an der Befragung wurde Praxiserfahrung mit PM vorausgesetzt. Die Stichprobe setzt sich aus Mitarbeitern unterschiedlicher Unternehmen in Deutschland zusammen, darunter Konzerne, IT-Beratungsunternehmen sowie kleine- und mittelständische Unternehmen. Über persönliche Ansprache bei Vortrags-Veranstaltungen, Google-Suchanfragen sowie der sozialen Netzwerkplattform für berufliche Kontakte *XING* wurden den Voraussetzungen entsprechende Teilnehmer gefunden und per E-Mail oder *XING*-Nachricht kontaktiert.

Bei der Befragungsdurchführung wurden zwei unterschiedliche Erhebungsmittel verwendet. Den kontaktierten Personen wurde sowohl die Möglichkeit, an einer Online-Umfrage teilzunehmen, die vorab durch das Online-Befragungs-Tool *umfrageonline.com* erstellt wurde, als auch die Möglichkeit der Befragung über ein Telefoninterview vorgeschlagen. Beim Umfang der qualitativen Befragung wurde darauf geachtet, dass die Länge nicht zur Beeinträchtigung der Aufmerksamkeit des Befragten führt. Es wurde sichergestellt, dass jede Frage zum gesetzten Ziel der Arbeit führt. Während die ersten zwei Fragen den Fokus auf die Zukunftsbezogenheit setzen, widmen sich die weiteren Fragen der Messbarkeit von PM.

Das Ziel der ersten Frage ("Wie stehen Sie zu der Aussage, dass mithilfe von Predictive Maintenance die Zukunft vorausgesagt werden soll?") ist herauszufinden, ob Unternehmen der Meinung sind, dass durch PM gemäß der Begrifflichkeit "predictive" tatsächlich eine Vorhersage getroffen werden kann.

Auch die zweite Frage ("Wie stehen Sie zu der Aussage, dass Predictive Maintenance lediglich ein intelligenter Ansatz zum Vorziehen von Wartungsintervallen ist?") steht in Kritik zur Begrifflichkeit des „predictive" und stellt infrage, ob Wartungsintervalle lediglich vorgezogen werden. Da nicht überprüft wird, ob beispielsweise ein Maschinenteil tatsächlich in Übereinstimmung mit dem vorausgesagten Zeitpunkt ausfällt, ist von der Annahme auszugehen, dass eher ein präventiver als ein prädiktiver Ansatz verfolgt wird und damit keine Vorhersage gegeben ist, da lediglich Wartungsintervalle vorgezogen werden.

Frage 3 ("Wie definieren Sie für Ihr Unternehmen den Nutzen von Predictive Maintenance und anhand welcher Kenngrößen messen Sie diesen?") beschäftigt sich damit, welcher Nutzen für die Einführung von PM für Unternehmen definiert wird und wie dieser durch Kenngrößen gemessen wird. Unternehmen entscheiden sich für PM durch die viel beworbene Vorteilhaftigkeit. Die Frage setzt sich zum Ziel, welchen Nutzen die Unternehmen sich selbst oder anderen versprechen und wie sie diesen anhand von Kenngrößen nachweisen können.

Die letzte Frage ("Wie können Sie den Erfolg von Predictive Maintenance messen, ohne in der Lage zu sein die Opportunitätskosten zu berechnen?") beschäftigt sich mit der Tatsache, dass der Erfolg von PM nur durch die Berechnung der Opportunitätskosten gemessen werden kann. Da die Berechnung dieser Kosten jedoch nicht möglich ist, soll diese Frage Aufschluss darüber geben, wie Unternehmen sich diesem Problem stellen. Die Fragen sind bewusst so gestellt, dass sie den jeweiligen Befragten zum kritischen Denken anregen sollen.

Die Erhebung fand vom 07.12.2017 bis zum 11.01.2018 statt. Von insgesamt 98 angeschriebenen Personen nahmen 19 an der Hauptbefragung teil.

Zur Aufbereitung der Erhebungsdaten wurden die Telefoninterviews transkribiert und anschließend zusammen mit den Antworten der Online-Umfrage ausgewertet. Für die Auswertung wurde sich streng an die Vorgehensweise der qualitativen Inhaltsanalyse nach Philipp Mayring gehalten[17]. Gemäß Mayring wurde die induktive Kategorienbildung genutzt, durch welche die Antworten auf für sie beschreibende Begrifflichkeiten reduziert wurden und sich daraus die Kategorien gebildet haben. Daraus erfolgte eine Einordnung der Antworten in die unterschiedlichen Kategorien, welche wiederholt überarbeitet worden sind. Daraus ließen sich Kernaussagen bilden, die ein Meinungsbild der Praxis zur Thematik PM spiegeln.

---

[17] Vgl. Christina Ramsenthaler (2013)

4. Auswertung und Ergebnisse

Frage 1

Bei Predictive Maintenance (dt.: vorausschauende Wartung) handelt es sich um eine Instandhaltungsmethode, bei der historische Daten ausgewertet werden, um Vorhersagen über den optimalen Wartungszeitpunkt einer Maschine zu treffen. Wie stehen Sie zu der Aussage, dass mithilfe von Predictive Maintenance die Zukunft vorhergesagt werden soll?

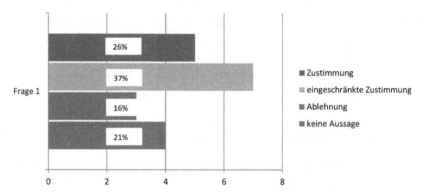

Die Kategorie "eingeschränkte Zustimmung" beschreibt die Antworten, bei der die Befragten unter bestimmten Voraussetzungen und Bedingungen zustimmen. Beispielsweise sollten genügend historische Daten bzw. Schadensmuster vorliegen, um eine direkte Vorhersage zu ermöglichen.

Frage 2

Wie stehen Sie zu der Aussage, dass Predictive Maintenance lediglich ein intelligenter Ansatz zum Vorziehen von Wartungsintervallen ist?

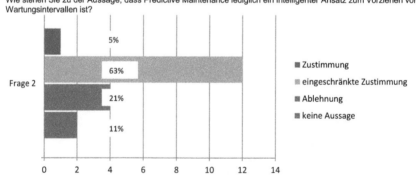

Die Kategorie "eingeschränkte Zustimmung" beschreibt die Antworten, die davon ausgehen, dass PM einen optimalen Zeitpunkt für die Wartung festlegt und man somit die Wartungsintervalle sowohl vorziehen als auch nachziehen kann.

Frage 3

Wie definieren Sie für Ihr Unternehmen den Nutzen von Predictive Maintenance und anhand welcher Kenngrößen messen Sie diesen?

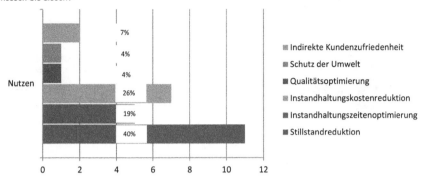

Kenngrößen (einmal genannt):

- Ausfallzeiten/-kosten   - Anzahl Ausschussteile   - Produktionsoutput

- Wartungsstunden   - Lagerhaltungskosten   - Ersatzteilekosten

- Anzahl der verfügbaren Geräte

Für die Kategorien des Nutzens wurden folgende Beispiele genannt:

- Stillstandreduktion beinhaltet auch die Anlagenverfügbarkeitssteigerung
- Instandhaltungszeitenoptimierung: Wartungen zusammen fassen, Wartungszyklen maximieren, besser planbare Wartungen
- Instandhaltungskostenreduktion: geringerer Ressourceneinsatz, bessere Materialausschöpfung, Optimierung der Lagerhaltungskosten, Reduktion der Ersatzteile
- Qualitätsoptimierung: weniger Ausschuss, geringere Toleranzen
- Schutz der Umwelt: Ressourcenschonung
- Indirekte Kundenzufriedenheit: Garantie und Kulanzkosten sparen

Frage 4

Opportunitätskosten beschreiben den entgangenen Nutzen beziehungsweise den entgangenen Ertrag einer Handlungsalternative, auf den zugunsten der durchgeführten Alternative verzichtet wird. Sie sind demnach keine Kosten im Sinne der Kosten- und Leistungsrechnung, sondern dienen ausschließlich der Quantifizierung der entgangenen Alternativen. Wie können Sie den Erfolg von Predictive Maintenance messen, ohne in der Lage zu sein die Opportunitätskosten zu berechnen?

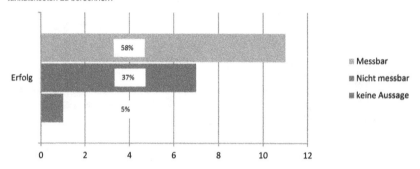

58% sind der Meinung, dass PM messbar ist, auch ohne in der Lage zu sein die Opportunitätskosten zu berechnen. Im Folgenden soll das Diagramm veranschaulichen, wie sie die Erfolge messen.

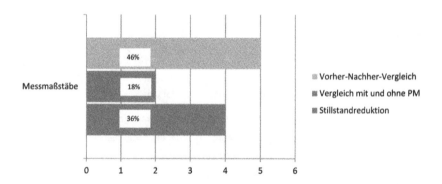

Hier sollte noch zwischen den Vergleichen unterschieden werden. Der "Vorher-Nachher-Vergleich" beschreibt den Vergleich zwischen PM und der davor verwendeten Wartungsmethode. Der "Vergleich mit und ohne PM" hingegen soll zwei Maschinen vergleichen, die bei gleichen Auslastungsbedingungen PM und eine andere Wartungsmethode anwenden.

8

5. Diskussion

Das Ziel der ersten Frage war es, herauszufinden, wie Unternehmen zu der Frage stehen, ob mithilfe von PM die Zukunft mit einer hundertprozentigen Eintrittswahrscheinlichkeit („Glaskugel") vorhergesagt werden kann oder nicht. Nach Auswertung der gegebenen Antworten kann man feststellen, dass die Meinungen zu dieser Frage stark auseinandergehen. Die meisten stimmen zwar der Aussage zu, dass mithilfe von PM optimale Wartungszeitpunkte vorausgesagt werden können, dies allerdings nur unter zahlreichen Bedingungen. Genannt wurden etwa eine explizite Kenntnis der Schadensmuster in der Vergangenheit durch Dokumentation vergangener Vorfälle oder auch das Vorliegen einer statistisch relevanten Menge an ähnlichen Schäden in der Vergangenheit, mit deren Hilfe zukünftige Ereignisse extrapoliert werden können. Da es jedoch auch Befragte gab, die der Aussage widersprachen, muss davon ausgegangen werden, dass es in der Praxis keine einheitliche Meinung zur Frage der Vorhersagbarkeit der Zukunft durch PM gibt. Dies kann daran liegen, dass die Befragten sich eventuell nicht ausgiebig genug mit der Thematik beschäftigt haben.

Bei der zweiten Frage ging es darum, in Erfahrung zu bringen, wie Unternehmen zu der Aussage stehen, dass PM lediglich ein intelligenter Ansatz zum Vorziehen von Wartungsintervallen ist. Die meisten der Befragten gingen davon aus, dass mithilfe von PM nicht nur Wartungsintervalle vorgezogen sondern auch nachgezogen werden können, also ein optimaler Zeitpunkt für die Wartung bestimmt werden kann. Diese Antworten werteten wir als „eingeschränkte Zustimmung". Aus Sicht der Verfasser ist es jedoch nicht möglich, den optimalen Zeitpunkt einer Wartung zu berechnen, weil man sich nie komplett sicher sein kann, dass eine Maschine auch ohne Wartung noch länger funktioniert hätte. Darüber hinaus unterliegen optimale Wartungszeitpunkte häufig äußeren Einflüssen, wie etwa Entscheidungen von verantwortlichen Mitarbeitern, die sich bei einem wichtigen oder kurzfristig geplanten Auftrag gegen eine Wartung entscheiden können.

Das Ziel der dritten Frage bestand darin, zu evaluieren, welchen Nutzen die Unternehmen in PM sehen und mit welchen KPIs (Key Performance Indicators) sie diesen messen. Die meisten der Befragten konnten den Nutzen sehr gut beschreiben (die am häufigsten genannten Antworten waren Stillstandzeitenreduktion bzw. Erhöhung der Anlagenverfügbarkeit sowie Instandhaltungskostenreduktion). Allerdings konnten nur wenige der Befragten konkrete Kennzahlen nennen, wie dieser tatsächlich quantifiziert (in Zahlen ausgedrückt) werden kann, z. B. Standzeit wegen ungeplanter Reparaturen. Daraus kann geschlossen werden, dass der Nutzen durch PM von vielen Praxisanwendern bisher nur geschätzt werden kann und damit nicht wissenschaftlich ausreichend genau untermauert werden kann. Dies liegt wohl daran, dass viele Unternehmen noch nicht sehr viele Erfahrungen mit PM gesammelt haben und möglicherweise noch ein paar Jahre brauchen, bis sie bessere KPIs erstellen können.

Bei der vierten und letzten Frage ging es schließlich darum, herauszufinden, wie Unternehmen den wirtschaftlichen Erfolg von PM messen, ohne dass die Opportunitätskosten angegeben werden können im Vergleich zu einer Situation, bei der kein PM eingeführt wird. Die meisten Unternehmen vertraten die Meinung, dies sei durch einen Vorher-Nachher-Vergleich möglich. Einige betonten aber auch, dass dabei mögliche Störeinflüsse ausgeschlossen werden müssen, damit ein aussagekräftiger Vergleich möglich ist. Da ein Unternehmen jedoch nie unter Laborbedingungen arbeitet und es damit an deren Maschinen immer Unterschiede in der Auslastungssituation geben wird, werteten wir diese Antworten als „Erfolg nicht messbar". Nicht zu vernachlässigen ist dabei natürlich die Tatsache, dass ein solcher Vergleichsaufwand in der Praxis sicherlich von den wenigsten Unternehmen betrieben wird. Alles in allem kann also geschlussfolgert werden, dass viele der Befragten sich mit dieser Thematik noch nicht ausreichend genug auseinandergesetzt haben und der in der Literatur angepriesene Erfolg von PM auch auf andere Einflussgrößen zurückgeführt werden kann, wie etwa einer Reduzierung der Auslastung oder der Weiterentwicklung von Technik.

Im Folgenden wird nun auf Limitationen der Arbeit hingewiesen und ein Ausblick für zukünftige Forschungsarbeiten gegeben.

Bei der durchgeführten Untersuchung ist die Form der Online-Befragung als kritisch anzusehen, da sie keine Erklärungen zu Fragen zulässt. Dadurch wird bei der Analyse der Antworten deutlich, dass die Befragten die „Vorziehbarkeit" in Frage 2 in Bezug auf unterschiedliche Aspekte sehen. So wird das „Vorziehen" im Vergleich zu einer zyklischen Wartung oder hinsichtlich des „Vorziehens" vor einen möglichen Ausfallzeitpunkt gesehen. Bei weiteren Befragungen bedarf es dementsprechend einer expliziteren Ausdrucksweise. Ebenso kann ein größerer Anteil an persönlichen Befragungen zur Beseitigung dieser Limitation führen, da hier die Möglichkeit der Erklärung einer Frage besteht.

Bei Frage 3 wurden hauptsächlich Nutzenaspekte benannt und keine Unterscheidung zwischen dem Nutzen der PM-Anwendung und den daraus resultierenden KPIs getroffen. Als Grund hierfür kann angeführt werden, dass die befragten Personen sich bisher nicht mit der Thematik der Messbarkeit von PM auseinandergesetzt haben.

Als weitere Einschränkung werden der Zeitpunkt und der Zeitraum der Befragung angesehen. Da die Datenerhebung größtenteils in der Vorweihnachtszeit stattfand, konnten aufgrund der damit verbundenen Urlaubszeit zum einen nicht mehr persönliche Interviews stattfinden und zum anderen viele potentielle Teilnehmer nicht mehr angesprochen werden.

Aufgrund der geringen Stichprobengröße dient dieses Paper als erster Ansatz für eine kritische Betrachtung des Themas und soll zu weiterführender Forschung animieren.

Diese weiterführenden Untersuchungen erfordern insbesondere die Entwicklung von KPIs, um die Wirksamkeit bzw. den Erfolg einer PM-Anwendung abschätzen zu können. Ebenso von großem Interesse ist eine Gegenüberstellung der Antworten von PM-Anwendern zu PM-Beratern hinsichtlich der „Vorhersagbarkeit" und der Messbarkeit von PM.

6. Fazit

„Predictive Maintenance- Wunsch oder Wirklichkeit?" lautet der Ausgangspunkt der vorliegenden Arbeit. Nach der Skizzierung der Problemstellung und der Erhebung von Daten zum Thema der Messbarkeit und der Vorhersagbarkeit von künftigen Wartungsbedarfen kommen die Verfasser zu dem Schluss, dass PM derzeit mehr Wunsch als Wirklichkeit verkörpert.

Als Grund hierfür können die beiden folgenden Aspekte angeführt werden:

1. Anwender von PM können den Erfolg der Maßnahmen nicht quantifizieren und zeigen daher eine sehr opportunistische Herangehensweise an die Technologie.
2. Die Begrifflichkeit „predictive" impliziert irrtümlicherweise, dass eine Vorhersage möglich sei und PM damit einer „Glaskugel" gleiche. Dies ist allerdings nicht der Fall, da lediglich die Möglichkeit besteht, Aussagen über Eintrittswahrscheinlichkeiten zu treffen.

Das vorliegende Paper, welches einen kritischen Beitrag zur Beurteilung von PM liefert, zeigt, dass sich Anwender von PM aufgrund der geringen Anzahl an genannten KPIs vor Implementierung der Wartungsmethode nicht ausreichend mit deren Messbarkeit und folglich mit deren Wirksamkeit beschäftigt haben.

Dementsprechend besitzt dieses Paper Relevanz für Entscheider, die sich mit der Implementierung von PM auseinandersetzen und Anstöße für eine differenzierte Betrachtungsweise suchen.

Anhang

Fragebogen mit Antworten der Teilnehmer

Frage 1

Bei Predictive Maintenance (dt.: vorausschauende Wartung) handelt es sich um eine Instandhaltungsmethode, bei der historische Daten ausgewertet werden, um Vorhersagen über den optimalen Wartungszeitpunkt einer Maschine zu treffen. Wie stehen Sie zu der Aussage, dass mithilfe von Predictive Maintenance die Zukunft vorhergesagt werden soll?

Antworten:

1. Eine direkte Vorhersage, also ein Erwartungshorizont bis zum Schaden, ist nur unter 2 Vorraussetzungen möglich:; 1. Explizite Kenntnis des Schadensmusters in den Betriebsräten, auch durch vorhandene Dokumentation zurückliegender Vorfälle; 2. Eine statistisch relevante Menge an Schäden mit diesen Mustern

2. Predictive Maintenance kann eine große Hilfe sein, um Ausfallzeiten zu minimieren und Instandhaltungskosten zu senken. Die Formulierung einer pauschalen "Vorhersage der Zukunft" ist etwas unglücklich gewählt, weil sie die Assoziation an "Wahrsagerei" hervorruft. In Wirklichkeit handelt es sich bei Predictive Maintenance ja um seriöse, mathematische Prognose-Modelle. Diese können richtig eingesetzt von hohem Nutzen sein.

3. Korrelationen zwischen historischen und aktuellen Daten herzustellen - sei es über Analysen, Wahrscheinlichkeitsbetrachtungen oder neuronale Netzwerke sind interessante Ansätze, die wir aktuell anschauen und evtl. verfolgen. Ob und welcher der Ansätze den wirklichen wirtschaftlichen Erfolg bringen, wird sich zeigen...

4. Es wird zumindest ein kleiner Teil der Zukunft vorhergesagt.

5. Geht - ist nur viel schwerer als gedacht

6. Positiv. Habe einen ausführlichen Blogpost darüber verfasst: https://www.revolytics.com/de/blog/2016/03/Handelszeitung/

7. Ich bin der Überzeugung, dass die Möglichkeiten von Predictive Maintenance, d.h. das Auswerten von Daten der Vergangenheit und das darauf basierende Ableiten von (wahrscheinlich) eintretenden Situationen sowohl dem Betreiber eines Geräts, Maschine, ... als auch dem Hersteller bzw. Servicedienstleiter immense Möglichkeiten bietet. Allein die Situation dass man ungeplante STillstände vermeiden kann ist hervorragend. Zudem muss man sehen, dass PdMS mit verhältnismäßig überschaubaren Kosten einen hohen Nutzen bringt

8. Wir gehen nicht so weit zu sagen, dass man mit Predictive Maintenace die Zukunft vorhersagen kann. Es wird immer Fälle spontaner und nicht vorhersehbare Ausfälle geben, die nicht vorhersehbar sind. Es ist jedoch möglich, aus dem Zustand in der Vergangenheit und dem in der Gegenwart zu extrapolieren, wie der Zustand in der Zukunft sein wird unter der Voraussetzung, dass keine gravierenden Änderungen der Bedingungen eintreten.

9. Grundsätzlich ist das möglich, Daten-basierte Vorhersage ist aber auch s o etwas wie die Königsdisziplin im Bereich Data Mining, es müssen einige Voraussetzungen stimmen, damit es gelingt.

10. Das ist eine sehr allgemein gestellte Frage, können Sie mir die Bitte verständlicher erklären......(Erklärung erfolgt).... Ehmm darüber kann man diskutieren. Ich bin da schon der Meinung, dass PM schon vorhersagen kann. Sie haben Recht, natürlich auf Basis von historischen Daten... ehm Ich sag ja aber einen optimalen Wartungszeitraum oder Zeitpunkt vorher die in der Zukunft liegt und somit kann man das schon als Vorhersage, die die Zukunft sieht ansehen. Denken Sie, dass historische Daten ausreichen um einen optimalen Wartungszeitraum festzulegen? Das ist sicher Sepezialfall abhängig, aber ich eh allgemein gesagt glaube ich schon, dass es funktioniert.

11. Wie kommen sie darauf das mit prädiktive Maintenance die Zukunft vorhergesagt werden soll? Letztlich geht es ja nur um die Erfassung von Sensordaten die auf ein baldiges Versagen eines Teiles hinweisen – und auch das nur mit einer relativ weiten statistischen Streuung. Eine Vorhersage der Zukunft ist das noch lange nicht.

12. interessant, aber nicht so einfach, wie die meisten denken

13. Ich kann nur verlässlich vorhersagen, was schon einmal eingetreten ist und messbar war. Alles andere ist letztlich Wahrscheinlichkeitsrechnung. Mit Wahrsagerei hat Predictive Maintenance das relativ wenig zu tun!

14. Bei Standardmaschinen durchaus denkbar, bei Sondermaschinen aufgrund fehlender Referenzwerte eher schwierig.

15. Prognosen sind möglich (wenn man die entsprechenden Daten im Zugriff hat), aber exakte vorhersagen sind vermutlich eher nur relativ kurzfristig möglich. Wie bei Wahlvorhersagen eben auch.

16. Stimme ich im Prizip zu. Natürlich nur auf einem s ehr beschränkten Ergebnisraum.

17. Falsch! Man kann basierend auf wiederkehrenden Mustern auf zukünftige Ereignisse schließen...

18. Gute Frage (lacht). Das betrifft ja eigentlich nicht nur Predictive Maintenance, sondern eigentlich auch alles aus dem Bereich der Predictive Analytics oder Data Science oder Data Analytics oder wie auch immer man das bezeichnen möchte, alles mit Predictive Komponente, dementsprechend auch Predictive Maintenance. Natürlich kann man damit keine Zukunft vorhersagen, man kann lediglich, letzt-

endlich mathematische Modelle bauen, die gegeben einer gewissen Historie, gegeben dieser histori-schen Daten, eine Wahrscheinlichkeitsminimierung sozusagen durchführen, dass man gegenüber dem prognostizierten Zustand abweicht. Das ist natürlich keine Aussage darüber, was wirklich passiert. Na-türlich kann...können solche Methoden, die basierend auf Statistik, in der Regel ähhm...auf der Statistik basierend gewisse Dinge auch nie vorhersagen. Zum Beispiel Abbruchereignisse werden nie vorher-sehbar sein und dementsprechend ist diese Aussage, wenn's hart formuliert wird grundsätzlich falsch.

Es ist eine statistische Größe, die eine gewisse statistische Prognose dann zwar abgibt, was in der Zukunft sein könnte, gegeben eines Verlaufes ähnlich der Vergangenheit, aber keine Prognose der Zukunft.

19.Wir stimmen dieser Aussage zu und sind der Auffassung, daß eine Reihe technischer Lösungen umsetzbar sind.

Frage 2

Wie stehen Sie zu der Aussage, dass Predictive Maintenance lediglich ein intelligenter Ansatz zum Vorziehen von Wartungsintervallen ist?

Antworten:

1. Die eigentliche Erwartung ist, dass Wartungsintervalle eher verlängert werden können, um Kosten einzusparen. Tatsächlich wird , je nach Definition von PM, eine explizite Angabe von Wartungsintervallen in beide Richtungen auftreten.

2. Die Aussage ist eine einseitige Betrachtung und inhaltlich falsch. Wenn es Wartungsintervalle gibt, handelt es sich nicht um prädiktive (vorausschauende), sondern präventive (vorbeugende) Instandhaltung. Durch Predictive Maintenance kann zwar man einen nahenden Defekt erkennen und somit eine Wartung vorziehen. Ebenso kann Predictive Maintenance aber auch dazu dienen, die Restlaufzeiten von Komponenten auszuschöpfen und damit Nutzungs- bzw. Wartungsintervalle verlängern, wenn die eingesetzte Technik erkennt, dass die Komponenten noch gar nicht abgenutzt sind. Das wäre dann das Gegenteil der obigen Aussage.

3. Definitiv nein. Präventiver Service definiert Wartungsintervalle z.B. 1 Jahr oder nach 1000000 Stück Produktion unabhängig von dem wirklichen Zustand des Gerätes. Manchmal könnte so ein Mangel wirklich vor dem Wartungsintervall erkannt werden, aber auch der andere Fall (Modul hält länger als das Wartungsintervall) ist möglich. Somit definitiv nein. JM

4. Kann man so sehen, muss man aber nicht. Im Endeffekt geht es um den Nutzen, den man mit Predictive Maintenance erzeugt und nicht darum, wie man den Ansatz einordnet.

5. Ne - hier muss viel mehr eine Aussage über die Ausfallwahrscheinlichkeit eines teiles in einem begrenzten Zeitraum sein

6. Sehe ich nicht so, bzw. es wäre nicht effizient einfach die Wartungsintervalle zu verkürzen, da dies unnötige Kosten verursachen würde. Die Kunst ist es, kurz vor dem prognostizierten Ausfallzeitpunkt die Revision durchzuführen. Somt werden die Wartungsintervalle im Gegenteil pro Maschine maximiert und gleichzeitig unnötige Wartungen verhindert.

7. Das sehe ich nicht so, siehe vorherige Ausführungen

8. Die Intelligenz des Ansatzes liegt darin, dass die Komponenten gewartet werden, deren Zustand eine Wartung erfordert. Das kann in einzelnen Fallen früher als ursprünglich geplant sein, wirkt sich dann aber positiv auf die Verfügbarkeit der Anlage aus. In den moisten Fallen wird jedoch verhindert, dass noch verwendbare Komponenten fälschlich ausgetauscht werden, spart also Kosten.

9. Manchmal ist das so, aber ist schon auch noch mehr, wenn man z.B. durch rechtzeitiges Austauschen von einzelnen Teilen größere Folgeschäden auch bei anderen Teilen vermeiden kann. Weiterhin kann

man auch die ermittelten Datenmuster nutzen, um einen Produktionsablauf grundsätzlich besser (z.B. effektivere Regelung von Maschinen) zu machen.

10. Gut, das ist ja.. N bisschen.. Gleich formuliert wie die erste Frage, wenn ich das richtig verstehe. Ehmmm lassen Sie mich mal überlegen.. Also ich versuch ja, dadurch, dass ich da den optimalen Zeitpunkt vorhersage.. Und mit optimal ist ja gemeint praktisch zu wissen, wann ein Bauteil ausfällt, also das ist immer die Voraussetzung... Ich kann ja den Wartungszeitpunkt immer dann vorhersagen, wenn ich weiß, dass das Bauteil zur Problemzeit ausfallen wird... und vorziehen gegenüber was könnt ihr das erklären? *Erklärung erfolgt.* In dem Sinne ist es so. PM ist dann.. zieht praktisch die Wartungsintervalle vor zu dem Zeitpunkt wo praktisch vorhergesagt worden ist, das ein Bauteil ausfällt... Also insofern ist das eine gute Umschreibung von PM. PM zieht in der Tat Wartungsintervalle vor zum optimalen Zeitpunkt und nicht erst zu dem Zeitpunkt wo das Bauteil tatsächlich ausfällt. (Info: er hat sehr oft ehm gesagt :))

11. Wie kommen sie darauf das bei predictive Maintenance die Wartungsintervalle vorgezogen werden sollen. Im Gegenteil, die sollen ja weiter hinausgeschoben werden da ich nicht mehr vorsorglich auf Verdacht teile austauschen muss sondern erst dann wenn es wirklich dringend angeraten ist

12. Es werden keine Wartungsintervalle vorgezogen, sondern verkürzt oder im besten Falle optimiert. Vorgezogen wird höchstens die Wartung selbst, idealerweise auf den spätestmöglichen Zeitpunkt bevor etwas kaputt geht. Insgesamt würde ich das eher als Optimierung und Flexibilisierung der Wartungsintervalle sehen.

13. Das ist nur ein Teil... Ausfallkosten, Lagerkosten für den Ausfall, evtl Out-off-Stock bei produzierenden Maschinen, ... sind wahrscheinlich wichtiger, als eine Wartung vorzuverlegen. Es kann aber auch sein, dass bei geringer Auslastung die Wartung nach hinten verschoben wird. Egal wie... Immer Kosten im Mittelpunkt der Frage

14. Kommt wieder darauf an welche Referenzwerte zur Detektion einer Notwendigkeit zur Wartung herangezogen werden. Wurden hier zu viele Sicherheiten eingebaut führt es zum Effekt der vorgezogenen Wartung.

15. Kann sein, muss aber nicht. Man kann Wartungsintervalle dadurch ja auch verlängern. Das vorziehen ist aber sicherlich dann immer sinnvoll überall da wo es um die Sicherheit von Menschen geht und/oder wo ein Ausfall für hohen Schaden/Kosten sorgt.

16. Das wäre ein anderer Blickwinkel. Idealerweise wäre es natürlich mehr als das, weil man auch Informationen erhebt, WAS gewartet werden soll und nich jedesmal eine komplette allumfassende Wartung durchführen muss.

17 Ich denke die Anwendungen beschränken sich nicht nur auf Wartung.

18. Das ist auch aus meiner Sicht eine falsche Aussage. Auch abfällig (? 1:55) formuliert in diese Richtung. Zum einen das Vorziehen ist an der Stelle Quatsch, weil das kann mal Vor- und mal Nachziehen sein. Die Hoffnung wäre ja am Ende des Tages immer das Geld, dass ich Geld spare und Geld spare

ich in der Regel dadurch, wenn ich entweder Backup planen kann, meiner Wartungsintervalle, sprich ich kann sie zum Beispiel dann einplanen wo ich grundsätzlich sowieso Leerlauf oder Kapazität habe oder aber ich kann sie zum Beispiel... verlängere ich einfach die Wartungsintervalle wodurch ich auch Kosten spare und verschiedene Dinge auch.dementsprechend geht es nicht nur um Vorziehen, es geht um optimalen Zeitpunkt und Optimalität kann man ja letztendlich aus ganz ganz vielen verschiedenen Perspektiven definieren. Dementsprechend würde ich das klar verneinen an der Stelle und würde klipp und klar sagen, dass viel viel mehr gilt. Es geht letztendlich darum, Wartungsarbeiten so einzuphasen, dass sie möglichst kosteneffizient an der Stelle zu betrachten sind. Sei es durch Vorziehen, sei es durch verspätetes Ausführen, sei es durch Ausführen zum richtigen Zeitpunkt, wenn gerade die Produktion steht. Es geht aber grundsätzlich auch darum, ob das verursachte kostenreichste (??) natürlich dadurch Indikationen zu haben, wann ungeplante Ausfälle zum Beispiel stattfinden können sodass ich Wartungen vorziehen muss aufgrund meines prädiktiven Ansatzes dann ja aufgrund dessen, dass ich letztendlich auch etwas gefunden hab, dass irgendetwas im Argen ist tatsächlich mit der Maschine und ich eben früher warten muss desto früher ich damit einen ungeplanten Ausfall der unter Umständen in den meisten Fällen zu einem viel größeren Schaden und zu längerem Stillstand führt als eigentlich der Worst Case. Also dementsprechend geht Predictive Maintenance deutlich weiter zumindest in einer Ausbaustufe in viel viel weitergehende Bereiche und ist auch nicht nur eine Frage von Data Science sondern auch 'ne Frage von 'ner mathematischer Optimierung.

19. Grundsätzlich ja, jedoch ist das wesentliche Ziel die optimierte Planung in den Bewirtschaftsprozess, d.h. Laufzeiten ("up time") von Maschinen zu verlängern und ungeplanten Ausfall zu verringern.

Frage 3

Wie definieren Sie für Ihr Unternehmen den Nutzen von Predictive Maintenance und anhand welcher Kenngrößen messen Sie diesen?

Antworten:

1. Derzeit befindet sich PM in der Entwicklung, mit dem Schwerpunkt "PREDICTIVE", also wie nutze ich vorhandene Daten zur Zustandsvorhersage. Der eigentliche Benefit geschieht in der "Maintenance". Dort wird sich das aber erst während realer Wartungszyklen bemerkbar machen, I.d.R. innerhalb einiger Jahre. Daher existieren keine Kenngrössen dafür.

2. 1. Reduzierung ungeplanter Stillstandszeiten (messbar in EUR pro Ausfallstunde); 2. Optimierung der Instandhaltung (Wartungen zusammenfassen); 3. Instandhaltungskosten senken (geringerer Ressourceneinsatz, bessere Materialausschöpfung); 4, Optimierung der Qualität (weniger Ausschuss, geringere Toleranzen)

3. Weniger Stillstände bei unseren Kunden mit unseren Geräten. D.h. eine Erhöhung der Verfügbarkeit der Geräte. ; Durch Predictive Maintenance können Geräte in einem freien Slot bzw. in definierten Zeitraum - also geplant - repariert werden, nicht wie bisher wenn das Gerät nicht mehr läuft und vielleicht durch den Stillstand einen Großauftrag gefährdet wird.

4. Unser Unternehmen bietet Lösungen im Bereich Predictive Maintenance an. Wir messen den Nutzen am Umsatz, den wir durch Predictive Maintenance Lösungen generieren.

5. Wir sind anbieter von Systemen zur PM; Kenngrößen gibt es hier noch keine

6. Ausfallraten der Maschinen sollten kleiner werden.; Wartungszyklen sollten maximiert werden.; Maschinen-Lebensdauer sollte sich erhöhen.; Trefferquote der prognostizierten Ausfälle sollte maximiert werden (Treffer falls Wartung tatsächlich nötig war).; Wartungskosten sollten minimiert werden.

7. die () AG ist ein Prozess- und Systemberatungshaus. D.h. wir verdienen unser Geld maßgeblich damit dass wir mit unseren Kunden entsprechende Prozesse und Systeme entwickeln und realisieren. Insofern ist für uns der Umsatz aus Beratung, Systembetrieb sowie Softwarewartung für dieses Thema eine wichtige Kenngröße

8.- Die Anlagenverfügbarkeit steigt und Verbesserung der Anlagenverfügbarkeit ist auch die Mesgröße

9. Die wichtigste Größe ist sicherlich die Standzeit von Maschinen wegen ungeplanter Reparaturen. Diese zu minimieren ist das höchste Ziel, denn schon 1% mehr Produktionsoutput kann eine hohe Summe bedeuten. Weitere Größen wären dann die Reparatur- und Ersatzteilkosten. Interessant wäre auch die Minimierung der Lagerhaltung, d.h. muss man eine sehr hohe Anzahl von TErsatzteilen im Lager vorhalten.

10. Kennzahlen haben wir nicht. Was ich dazu sagen muss, wir sind momentan noch stark am Anfang bei unserem PM. Pojekt. Wir haben dafür momentan zu wenig gefühlt dafür, wie man so etwas messen

kann, ob wir es messen und wenn wir messen: wie wir es messen. Aber ich kann mir vorstellen, dass eine Kenngröße sein kann Reduktion von Kosten. Die Ersatzteilkosten reduziert, das kann man ja messen. Kundenzufriedenheit; das ist eine andere Größe die man indirekt messen kann. Kundenloyalität, also das sind die drei Kenngrößen mit denen wir anfangen, Aber wie gesagt, wie haben noch nicht in diese Richtung nachgedacht. Nutzt Daimler PM erst seit kurzem oder schon seit ein paar Jahren? Das kann ich Ihnen allgemein nicht beantworten, also ich bin bei Daimler-Transporter und dort fangen wir jetzt an mit PM, wie das bei den anderen Sparten und Abteilungen aussieht kann ich Ihnen leider nicht sagen, weil mir da die Einsicht einfach fehlt.

11. Wie wird man das wohl definieren: jede Stunde Maschinenausfall die ich nicht habe und jede Wartungsstunde/präventiver Austausch von Teilen nur weil es im Handbuch steht die ich vermeiden kann ist ein Gewinn. Rechnet das wirklich jemand nach – wohl kaum.

12. Wir können diese Technologie in unserem Unternehmen nicht einsetzen, sondern unterstützen andere Unternehmen dabei, sie zu nutzen (wenn es sinnvoll erscheint!).

13. Planbare Wartung, Einhaltung KPIs, keine unerwarteten Ausfallzeiten, ... Messbar in Verfügbarkeit und letztlich Geld.

14. Ziel von Predictive Maintenance muss sein, langfristig die Kosten zu senken (Wartungskosten), maximale Maschinenlaufzeit zu generieren (keine ungeplanten Stillstandszeiten), wobei auch der Aspekt der Ressourcenschonung nicht vernachlässigt werden darf. (Altöl usw.)

15. Nutzen ist eine höhere Maschinenverfügbarkeit und ein minimiertes Ausfallrisiko. Kenngröße: Maschinenverfügbarkeit

16. Idealerweise:; 1) verringert man damit die Ausfallzeiten von Maschinen; 2) kann wartung schwer zugängliche Maschinen (Windparks auf hoher See) besser planen; 3) spart kosten für unnötige Reperaturen und Ersatzteile; 4) kann in einem großen Verbund von Maschinen (z.B. Fertigungslinie) die diverse Wartungszeiten besser koordinieren und somit globale Ausfallzeiten reduzieren.

17. Anzahl Liegenbleiber verhindern, Garantie und Kulanzkosten sparen, Kundenzufriedenheit steigern...

18. "Mhm ähm also äh 2 Punkte da zu Nutzen. Das ist einmal die quantifizierbare Größe das ist das was sie auch sagen also das ist äh wegen(?) den Weichenfaktoren, die man noch nennen kann, die man so hat. Grundsätzlich ist es immer schwierig bei solchen Projekten eine Quantifizierung durchzuführen. Ich bin der Meinung, dass es im Fall von Predictive Maintenance sogar noch relativ gut funktioniert und der einfachste Ansatz dafür wäre zu sagen ähm ich wende auf meine historischen Daten Out-of-Sample natürlich, das Beste(?) meines Predictive Maintenance Algorithmus, den ich entwickelt hab, an und gucke dann letzendlich was hätte ich gut gegeben dieses Algorithmus und gegeben der Entscheidung, die ich damit treffe anders gemacht in der Vergangenheit und kann mir dann relativ einfach das kennzeichnen. Wär natürlich editierungsgenauigkeit –das ist klar. Aber ich kann zum Beispiel gucken: ok wo hab ich Ausfälle? Hätte ich mit

meinem Algorithmus anders enstschieden, hätte ich frühzeitig gewartet? Was hätte das bedeutet? Und man kann relativ leicht gucken was waren meine Ausfallkosten was wären die Starterkosten gewesen an der Stelle, dann hab ich relativ leicht ne Quantifizierung. Das hinkt natürlich ein Stück weit, weil da natürlich auch menschliche Entscheidungsgrößen ne Rolle spielen. Wie ist das zum Beispiel wenn der Algorithmus anschlägt sagt da ist was im Eimer mit der Maschine mach...zieh ich dann wirklich ne Wartung vor oder sag ich dann in dem Moment zum Beispiel vielleicht „nee mein Kunde braucht grad n Produkt", ja dann wart ich also geh ich das Risiko ein, dass ichs produzier und so weiter. Da spielen sogar viel viel umentscheidbar, auch die man da auch besser rauskriegt, abser grundsätzlich gibt's da auch Managemententscheidung einfach als ne Kenngröße, ja genau was auch allerdings sehr einfach auch rausragt aus der Regelmäßigkeit des Algorithmus. Dinge verbessern bzw. besser gemacht, das lässt sich dann auch relativ gut quantifizieren

Also würden Sie das dann hauptsächlich an diesem Kostenfaktor quantifizieren, also das das quasi der Nutzen ist?

Absolut. Am Ende des Tages geht's immer um Geld und ich kenn auch keinen Grund sonst äh bei dem das so ist bei dem des viel dezenter ist.(...?). Es geht auch immer um weiche Faktoren ähm es geht immer drum letzendlich hilfts zum Beispiel ne Gruppe von Ingenieuren zu entlasten oder all diese Dinge, die man am Ende des Tages nicht sieht so sehr, die dazu führen, dass man Predivtve Maintenance Algorithmus einsetzt oder Forschung entscheidet. Die investieren da viel Geld in Entwicklung. Am Ende des Tages ist die Entscheidung immer, dass ich gucke ...? (6:20)"

19. Kosten für ungeplanten Ausfall für Maschinen und Fahrzeuge lässt sich je nach Marktsegment, Maschine oder Fahrzeug quantifizieren (Ersatzbeschaffung, Produktionsausfall, teure Reparatur, etc..). Erster Kenngröße ist die Vermeidung dieser Ausfallkosten, zweite ist sicher die Instandhaltungskosten über die Lebensdauer der Maschine oder Fahrzeug.

Frage 4

Opportunitätskosten beschreiben den entgangenen Nutzen beziehungsweise den entgangenen Ertrag einer Handlungsalternative, auf den zugunsten der durchgeführten Alternative verzichtet wird. Sie sind demnach keine Kosten im Sinne der Kosten- und Leistungsrechnung, sondern dienen ausschließlich der Quantifizierung der entgangenen Alternativen. Wie können Sie den Erfolg von Predictive Maintenance messen, ohne in der Lage zu sein die Opportunitätskosten zu berechnen?

Antworten:

1. Durch den Beweis unter realen Bedingungen. Das erfordert einen langen Atem und den Glauben an die Wirksamkeit. Sonst ist es immer eine Wette auf Wahrscheinlichkeiten.

2. Bezogen auf eine EINZELNE Wartungsmaßnahme kann man den Erfolg aufgrund des Opportunitätsprinzips nicht messen. Man kann aber sehr wohl den Erfolg von Predictive Maintenance messen, indem man Ausfallzeiten und Wartungskosten z. B. in einem vergleichbaren Zeitraum VOR und NACH der Einführung von Predictive Maintenance gegenüberstellt. ; ; Darüberhinaus muss ergibt sich der Erfolg von Predictive Maintenance nicht nur aus einem Vorher-/Nachher-Vergleich sondern auch insbesondere aus der Kosten-Nutzen Relation (ROI-Betrachtung). ; ; Währen die Opportunitätskosten-Betrachtung eher eine theoretische ist, berechnet man den Erfolg aus den erzielten Einsparungen (Vorher/Nachher) in Relation zu den Kosten.

3. Der Erfolg von Predictive Maintenance lässt sich an einem der OEE Werte erkennen und zwar an der Verfügbarkeit. Werden ungeplante Stillstände unserer Kunden durch Predictive Maintenance redzuziert steigt die Verfügbarkeit der Anlage und somit der OEE Faktor.

4. Die Frage ist missverständlich. Wenn man Predictive Maintenance einsetzt, kann man den Erfolg messen:; Man kann schätzen, wie viel eine Zeiteinheit Stillstand (z.B. in der Produktion) kostet und die Stillstandszeiten in der Vergangenheit (vor der Initiative) mit den Stillstandszeiten nach der Initiative vergleichen, um so den Return of Investment (RoI) zu berechnen. ; ; Bevor man Predictive Maintenance einsetzt, kann man natürlich nur schätzen, wie viel weniger Stillstand man durch Predictive Maintenance gewinnt. Gerade in diesem Punkt fällt es unseren Kunden schwer, Kosten und Nutzen abzuwägen. Da ist viel Überzeugungsarbeit notwendig.

5. Diese wird wahrscheinlich nicht anhand von Controlling Kenngrößen sonder anhand von Erwartungshaltungen der Menschen gemessen.

6. Durch A/B-Testing, bzw. einer Kontrollgruppe von Maschinen ohne Predictive Maintenance, lässt sich der Unterschied bezüglich Kosten zwischen herkömmlicher Maintenance und Predictive Maintenance (=Opportunitätskosten) in der Praxis erheben. Nachteil, Opportunitätskosten können so nicht vollumfänglich verhindert werden, bzw. nicht das ganze Potential kann ausgeschöpft werden.

7. Ich sehe hierzu die folgenden Möglichkeiten:; Auswertung von STillstandszeiten bei Maschinen und Anlagen; PdMS ermöglich Pay-per-Use Szenarien und es wäre vorstellbar hierzu entsprechende Umsätze oder SLAs auszuwerten; Auswertung von Pönalen; Qualitative Merkmale auswerten

8. Über die Steigerung der Anlagenverfügbarkeit

9. Weiß nicht, ob ich die Frage richtig verstehe?; Setzt man Predictive Maintenance ein, hat man ja eine Vergleichsmöglichkeit (vorher/nachher). Setzt man es nicht ein, dann kann man natürlich nur schätzen, was es bringen würde, etwa: was würde eine Steigerung der Produktivität um 2% bringen oder eine Verringerung der Reparaturkosten.

10. Die Maschinen oder Bauteile, die man für PM möchte in zwei Gruppen aufteilen. Gruppe 1 wird praktisch mit PM Ansatz gewartet, mit einer vorausschauende Wartung und die zweite Grupper wird traditionell gewartet und dann kann man ja gucken wie sich die Kosten in dem einen und dem anderen Gruppe verhalten. Das ist so ein typisches AB-Testing. Aber dann mit denselben Auslastungsbedingungen? Ja, genau. Also teilen wir die Maschinen in wirklich zwei homogene Gruppen, so das beide Gruppen vergleichbar sind und zieht halt dann die eine Gruppe in PM-Ansatz. Machen Sie das auch? Also wie gesagt, ich kann Ihnen nicht allgemein sagen ob der Daimler so etwas macht, wir bei Transporter denken prinzipiell über so etwas nach, aber das ist alles noch sehr theoretisch

11. Die Zeit sich mit solch betriebswirtschaftlichen Feinheiten zu beschäftigen hat man wohl nur im BWL Studium. Zumal in der Praxis kaum jemand die entgangenen Erträge der Handlungsalternativen beziffern kann

12. Das könnte eigentlich nur durch den Vergleich damit erfolgen, was passiert, wenn man die Technologie nicht einsetzt. Allerdings dürfte das sehr schwer sein, da man eine statistisch signifikante Anzahl von Fällen braucht und in der Lage sein muss andere Störeinflüsse auszuschließen. Abschätzungen können da möglich sein, aber eine genaue Erfolgsmessung dürfte schwierig sein. Außerdem ist es sehr schwer, zu sagen, ob der vermutlich durch eine vorgezogene Wartung vermiedene Schaden überhaupt eingetreten wäre; das kann mit einer spürbaren Unsicherheit behaftet sein.

13. Monetär wahrscheinlich gar nicht oder ich weiß es nicht... evtl in Kundenzufriedenheit, Liefertreue, Zuverlässigkeit

14. Eine Referenzanlage auswählen und einen Vergleich von Output und Produktivität vor und nach Einführung von Predictive Maintenance durchführen.

15. ROI ist aktuell oft noch schwierig zu beziffern

16. Nun, diese können ja geschätzt werden. In der Praxis ist primär die Frage ob und in welchem Umfang Predictive Maintenace überhaupt anwendbar ist. Gerade in Industriekontext haben wir bereits sehr ausfallarme Maschinen. Es ist oft fraglich, ob deren ohnehin seltenen Ausfälle vorhersagbar sind. Die Oportunitätskosten lassen sich daher erst berehcnen, wenn man weiß wie viel besser der Prozess mit PM zu gestalten ist.

17. Durch genaue Untersuchungen von z.B. getauschten Teilen mittels Predictive Maintenance kann man u.U. die Opportunitätskosten abschätzen

18. "Ähm würd ich gar nicht so hart formulieren, dass man dazu nicht in der Lage ist weil..Ihre Definition von Opportunitätskosten mal herangezogen würde ja bedeuten was ist meine Handlungsalternative zu der Handlung , die ich basierend auf meinen entwickelten Algorithmus, auf meine Predictive Maintenance Lösung hätte und da kann ich ja relativ leicht sagen ok ähm grundsätzlich ists die Handlungalternative zumindest in der Vergangenheit entsteht, die man genau dort durchgeführt hat natürlich ohne den Algorithmus. Wie ist man damit umgegangen? Wann hat man dort gewartet? Was waren die Kosten dafür? Hat man dadurch vielleicht nen Ausfall der Maschine produziert, ja, ..sonstige Dinge....das heißt an der Stelle ist da eigentlich grundsätzlich das Prinzip des ökonomischen Konzepts der Nutzen durchaus vergleichbar. Nämlich: Handlungsalternative die alte versus Jetzt mein neues System und dementsprechend würde ich behaupten man kann zumindest unter diesen Annahmen stückweit auch Opportunitätskosten errechnen. Ansonsten, geht jede weitere Handlungsalternativen(?)...ich meine Opportunitätskosten ist ein schönes ökonomisches Konstrukt, was natürlich wie viele ökonomische Modelle in der Realität auch immer ein bisschen anders ist, weil halt doch nicht jeder grad was hat und, und, undbrauch ich ihnen nicht erklären. Ähm dementsprechend ist das immer ein bisschen schwierig, aber wie gesagt an der Stelle bin ich immer der Meinung, des ist auch wieder ein einfacher Business Case, den man so rechnen kann inklusiver auch der gesetzten Kosten(...??????) (8:18), die natürlich nicht quantifizierbar sind, das ist ganz klar. Und am Ende des Tages gesetzt wie bei so vielen Dingen, wie bei vielen Investentscheidungen, ist es letzendlich ein... jedem Unternehmen..ob das jetzt Predictive Maintenance ist oder ob ich sag ich steck Millionen in mein SAP System oder sonstige Dinge...ist es immer ein schön gerechnetes ökonomisches Modell, auf deren Basis eine Investmentscheidung getroffen wird oder eben auch nicht, bei denen nie die Realität abgebildet ist. Im Vergleich zu anderen Projekten zu anderen Investentscheidungen eigentlich kein Schachbrett(????).

„Ja Sie müssen quasi dann auch immer davon ausgehen, dass jetzt alle anderen Einflussfaktoren eigentlich gleich bleiben im Vergleich zur Vergangenheit."

„Des ist so. Absolut. Des ist so. Bin ich bei Ihnen, aber so funktioniert ja auch stückweise das ökonomische Theorem. Darüber hinaus wird es schwierig. In dem Moment, wo ich sich verändere Faktoren, irrationalitäten oder sonstige Dinge mit reinnehme. Bin ich voll bei ihnen, dann kann ich natürlich bin ich nicht mehr in der Lage Dinge an der Stelle so zu berechnen, das ist ja klar. Aber in der Regel ist das auch nicht die Entscheidungsgrundlage (..?) aus meiner Erfahrung. Aber natürlich haben Sie vollkommen Recht. Viele Dinge kann man nicht mit reinnehmen und gegeben reiner ökonomischer Theorie ist das dann schwierig das zu bewerten. Aber dann braucht man auch eben ein Modell, was das (???) Management(???)..und das passt dann in der Regel auch.

19. In erster Linie würden wir den Erfolg von Preventive Maintenance an Kosten messen, die sich in der Kosten-und Leistungsrechnung wiederfinden. Häufig lässt sich auch ein Mehrwert in der Massnahme ermitteln die mit preventive Maintenance nicht zwingend in Verbindung zu bringen sind. ZB Erkenntnisse die in die Entwicklung von Produktverbesserugen einfließen können.

Literaturverzeichnis

BigData Insider. (06. September 2017). Abgerufen am 22. Dezember 2017 von Was ist Predictive Maintenance?: https://www.bigdata-insider.de/was-ist-predictive-maintenance-a-640755/

Brugger, R. (2009). *Der IT-Business Case- Kosten erfassen und analysieren-Nutzen erkennen und quantifizieren-Wirtschaftlichkeit nachweißen und realisieren.* Berlin,Heidelberg: Springer Verlag.

Deloitte. (2017). Abgerufen am 12. November 2017 von Predictive Maintenance: https://www2.deloitte.com/de/de/pages/deloitte-analytics/articles/predictive-maintenance.html

Energie, B. f. (2018). Digitale Transformation in der Industrie.

Evsan, I. (Juli 2016). *Big Data Blog.* Abgerufen am 21. Dezember 2017 von Predictive Maintenance: Ein Kernstück der Industrie 4.0: https://bigdatablog.de/2016/07/21/predictive-maintenance-ein-kernstueck-der-industrie-4-0/

Ramsenthaler, Christina (2013). Was ist „Qualitative Inhaltsanalyse?". *Schnell, Martin W.; Schulz, Christian; Kolbe, Harald & Dunger, Christine (Hg): Der Patient am Lebensende. Eine qualitative Inhaltsanalyse.* Wiesbaden. Springer Verlag., 23-42.

Roland Berger. (April 2017). Abgerufen am 22. Dezember 2017 von Predictive Maintenance- Service der Zukunft und wo er wirklich steht: https://www.rolandberger.com/de/Publications/pub_predictive_maintenance_2017.html

Scheck-Winter, D. (März 2011). Vorausschauende Instandhaltung von Thermoprozessanlagen. *Gaswärme International.*